Sorgt nicht um euer Leben

Jesus hat über dieses Thema einmal ausführlich in der Bergpredigt (Matthäus 5-7) gesprochen.

Darum sage ich euch
Sorgt nicht um euer Leben,
was ihr essen und trinken werdet;
auch nicht um euren Leib,
was ihr anziehen werdet.
Ist nicht das Leben mehr als die Nahrung
und der Leib mehr als die Kleidung?
Seht die Vögel unter dem Himmel an:
sie säen nicht, sie ernten nicht,
sie sammeln nicht in die Scheunen;
und euer himmlischer Vater ernährt sie doch.
Seid ihr denn nicht viel mehr als sie?
Wer ist unter euch,
der seines Lebens Länge
eine Spanne zusetzen könnte,
wie sehr er sich auch darum sorgt?
Und warum sorgt ihr euch um die Kleidung?
Schaut die Lilien auf dem Feld an,
wie sie wachsen:
sie arbeiten nicht, auch spinnen sie nicht.

Ich sage euch,
dass auch Salomo in aller seiner Herrlichkeit
nicht gekleidet gewesen ist wie eine von ihnen.
Wenn nun Gott das Gras auf dem Feld so kleidet,
das doch heute steht
und morgen in den Ofen geworfen wird:
sollte er das nicht viel mehr für euch tun,
ihr Kleingläubigen?
Darum sollt ihr nicht sorgen und sagen:
Was werden wir essen?
Was werden wir trinken?
Womit werden wir uns kleiden?
Nach dem allen trachten die Heiden.
Denn euer himmlischer Vater weiß,
dass ihr all dessen bedürft.
Trachtet zuerst nach dem Reich Gottes
und nach seiner Gerechtigkeit,
so wird euch das alles zufallen.
Darum sorgt nicht für morgen,
denn der morgige Tag wird für das Seine sorgen.
Es ist genug, dass jeder Tag
seine eigene Plage hat.

Matthäus 6,25-34

Liebe Leserin, lieber Leser!

Ein hochbetagtes Ehepaar kommt in den Himmel. Ein Engel zeigt ihnen ihr neues Zuhause. Die beiden Alten kommen überhaupt nicht mehr aus dem Staunen heraus. Auf der Erde hatten sie ziemlich bescheiden und beengt gelebt. Und nun sehen sie das geräumige Haus mit dem schönen Garten, den Swimmingpool und die Sauna. Alles, was das Herz begehrt, ist dort vorhanden. Der Engel lässt die beiden sprachlos zurück, und erst nach einer ganzen Weile finden sie ihre Worte wieder.

Da stößt der Mann seine Frau etwas ärgerlich in die Seite und sagt: „Du immer mit deinen Knoblauchpillen und der Sorge um die Gesundheit. Wir hätten doch schon längst hier sein können!"

Wir haben gut lachen, denn Jesus Christus ist von den Toten auferstanden! Und auch für uns hat nicht der Tod das letzte Wort, sondern Gott, der uns das ewige Leben schenkt.

Deshalb haben auch unsere Sorgen – zum Beispiel um die Gesundheit – ihre tiefste Ursache verloren: den Tod. Und wir selbst können viel dazu beitragen, dass uns die Sorgen hier und jetzt nicht zu sehr einengen. Darüber möchte ich mit Ihnen in diesem Heft nachdenken.

Heute schon gelebt?

Als ich mit dem Theologiestudium anfing und eifrig Griechisch lernte, kam ich jeden Tag an einem Haus vorbei, auf dessen Wand jemand eine provozierende Frage gesprüht hatte: „Heute schon gelebt?" Und daneben war ein riesiger Vogel gesprüht, aus dessen Schnabel diese Frage kam: „Heute schon gelebt?"

Ich gebe gerne zu, dass mir damals beim Anblick dieses Vogels und dieser Frage manchmal richtig zum Heulen zu Mute war. Der unbekannte Sprüher hatte ja so Recht: Das Leben ist viel zu schön, als dass man es durch zu viel Sorgen oder Arbeit regelrecht verpasst.

Aber in meinem Kopf hämmerten bloß irgendwelche griechischen Vokabeln und Grammatikregeln herum. Bis unter die Haarspitzen war ich voll von Sorgen, ob ich die Griechischprüfung bestehen würde. Meine Nerven lagen wochenlang blank.

Ähnlich ging es Harry. Während einer Skifreizeit besprachen wir diesen Textabschnitt aus der Bergpredigt. „Das ist doch blanker Hohn, was hier steht!", schimpfte er: „Sorget nicht: Das erzähl doch mal einem, der gerade arbeitslos geworden ist." Harry, während der Freizeit um die 65, hatte selbst 15 Jahre zuvor seine Arbeit verloren. Und noch während der Skifreizeit ließ ihn dieser Schock nicht los.

„Ich hatte eine Frau und zwei Kinder zu versorgen", erzählte er, und von seinem Stolz, dass er als Mann für seine Familie sorgen konnte: „Und damit war auf einmal Schluss!"

Sorget nicht! Ich bin mir sicher, dass fast jeder meint, dies sei zumindest ein schönes Ideal. Und doch gibt es viele, die den Kopf randvoll mit Sorgen haben. Manche, weil sie unter großer Einsamkeit leiden. Andere sorgen sich, weil ihr Ehepartner seit Jahren krank ist. Jeder Mensch hat Sorgen – egal wie alt oder wie jung er ist. Es ist geradezu ein Kennzeichen unseres Lebens, dass wir uns Sorgen machen.

Wenn erst einmal …

Irgendwann hat es angefangen, vielleicht ganz harmlos mit einem Gedanken an den nächsten Tag. Aber dann entwickelt sich aus diesem Gedanken wie von selbst eine Sorge, und aus dieser wächst sofort wieder die nächste hervor. Immer hoffen wir, mit unserem Sorgen einmal an einen Punkt zu gelangen, an dem wir zur Ruhe kommen können, an dem wir buchstäblich „ausgesorgt" haben. Aber noch niemals ist jemand durch Sorgen sorglos geworden. Vielmehr stehen wir alle in der Gefahr, unser Leben ständig zu vertagen.

„Wenn ich einmal reich wär'…", singt der Milchhändler Tewje in dem Musical „Anatevka". Und wir können hier eine ganze Liste von Zielen aufstellen, bei deren Erreichung wir hoffen oder hofften, dass dann endlich das eigentliche Leben losgeht.
– Wenn ich erst einmal mit der Schule fertig bin, dann…
– Wenn das Haus erst steht, dann…
– Wenn die Kinder endlich groß sind, dann…
– Wenn ich erst einmal Rentner bin, dann…
Und wenn man dann Rentner ist, singt man wehmütig: „Schön war die Jugendzeit, sie kommt nicht mehr."

Die Sorgen können uns nicht nur den Schlaf rauben, sondern sogar unser Leben. Dagegen stellt Jesus nun sein verblüffendes Wort: „Sorgt nicht um euer Leben!"

Das ist kein Befehl, sondern eine Empfehlung; kein Gebot, sondern ein Angebot: „Ihr braucht nicht zu sorgen!" Jesus durchbricht den Teufelskreislauf der Sorge; er lädt uns dazu ein, aus der Sklaverei der Sorge auszusteigen, indem wir uns unter die Herrschaft Gottes stellen. Die Fortsetzung der Einladung „Sorget nicht!" lautet also: „Glaubt an Gott. Vertraut ihm eure Sorgen an!"

Jesus überfällt seine Hörer aber nicht einfach mit den Worten „Nun glaubt mal schön!", sondern er führt uns schrittweise in die Freiheit. Seine Worte sind geradezu ein kleines Trainingsprogramm, wie wir immer wieder mit unseren Sorgen fertig werden können. Wenn ich Jesu Worte ein „Trainingsprogramm" nenne, dann möchte ich damit zwei Dinge unterstreichen. Erstens, dass die Sorgen nun einmal zu unserem Leben gehören, wie auch ein Tennisspieler immer wieder einen neuen Gegner hat. Und zweitens, dass wir immer wieder unsere Abwehrmechanismen schulen müssen, wie auch ein Tennisspieler immer wieder seinen Aufschlag trainiert.

Übrigens wirken allein schon die Beispiele, mit denen Jesus uns anspricht, beruhigend und können unser Vertrauen zu Gott stärken. Deshalb möchte ich Ihnen vorschlagen, diese Worte immer wieder einmal zu lesen oder sogar auswendig zu lernen. Wenn Sie Sorgen haben, die Sie total in Beschlag nehmen, dann bringen allein schon diese Worte frische Luft in Ihre Gedanken.

Drei Schritte gegen die Sorge

Als Erstes appelliert Jesus an unseren gesunden Menschenverstand. Er fragt: „Ist nicht das Leben mehr als die Nahrung und der Leib mehr als die Kleidung?"

Damit nimmt uns Jesus gegen uns selbst in Schutz. Es kann nämlich bei unserem Sorgen so weit kommen, dass wir vor lauter Sorgen um unser Leben unser ganzes Leben zerstören; dass wir uns buchstäblich krank oder einsam sorgen. Jesus zieht eine scharfe Trennlinie zwischen unserem Leben und dem, was uns Sorge bereitet, die Arbeit oder die Gesundheit zum Beispiel. Er unterstreicht: „Das Leben ist mehr!" Und damit wir, deren Herzen lauter kleine oder große Sorgenfabriken sind, wieder ein Gefühl dafür bekommen, was Leben ist, lenkt er unseren Blick weg von uns auf die Vögel und die Blumen:

Seht die Vögel unter dem Himmel an: sie säen nicht, sie ernten nicht, sie sammeln nicht in die Scheunen. Schaut die Lilien auf dem Feld an, wie sie wachsen: sie arbeiten nicht, auch spinnen sie nicht.
Ich sage euch, dass auch Salomo in aller seiner Herrlichkeit nicht gekleidet gewesen ist wie eine von ihnen.

Die zweite Stufe besteht darin: Jesus erinnert uns daran, dass Gott allein es ist, der uns das Leben geschenkt hat und noch erhält. Gott ist es, der uns das ewige Leben schenkt. Durch einen Rückschluss vom Kleineren auf das Größere wirbt Jesus um unser Vertrauen zu Gott:

Seid ihr denn nicht viel mehr als die Vögel? Wenn nun Gott sogar das Gras auf dem Feld so kleidet, das doch heute steht und morgen in den Ofen geworfen wird; sollte er das nicht viel mehr für euch tun, ihr Kleingläubigen?

Außerdem ist Gott, der Schöpfer des Himmels und Erde, für Jesus kein über den Dingen schwebendes Prinzip. Gott ist sein und unser Vater – Vater im Himmel und auf Erden. Und dieser „euer himmlischer Vater weiß, dass ihr all dessen bedürft."

Schließlich bietet Jesus uns im dritten Schritt eine neue Perspektive an:
Trachtet zuerst nach dem Reich Gottes und nach seiner Gerechtigkeit, so wird euch das alles zufallen.

Damit setzt Jesus eine neue Rangordnung: „Lass dich nicht von deinen Sorgen leiten, sondern lebe nach Gottes Willen. Dann lösen sich deine Sorgen von ganz allein."
Wir sollen dafür sorgen, dass wir mit Gott und seinen reichen Möglichkeiten in Verbindung stehen. Das ist die einzige Sorge, die sich wirklich lohnt.
„…so wird euch das alles zufallen": Das heißt konkret, dass ich dazu frei werde, auch einmal die Geschenke zu sehen, die ich jeden Tag bekomme. Und das befreit mich dazu, auch die Nöte der anderen zu sehen und ihnen mit meinen Fähigkeiten ein wenig zu helfen.

Es ist ja gerade die große Not unserer Welt, dass jeder immer nur sein eigenes Päckchen sieht, das er zu tragen hat. Und weil viele überhaupt nicht mehr dazu in der Lage sind, anderen wirklich zuzuhören, deshalb sind sie letztlich in ihren eigenen Problemen gefangen wie ein Verbannter auf einer einsamen Insel.
Es ist zwar menschlich, dass wir unsere eigenen Probleme für einzigartig auf der ganzen Welt halten. Aber wenn wir versuchen, uns einmal für die Nöte anderer zu öffnen, können wir von der erdrückenden Macht unserer eigenen Sorge befreit werden.

Den heutigen Tag gestalten

Abschließend gibt Jesus uns noch einen wertvollen Hinweis:
Sorgt nicht für morgen, denn der morgige Tag wird für das Seine sorgen. Es ist genug, dass jeder Tag seine eigene Plage hat.

Jesus empfiehlt uns hier, unsere Sorgen aufzuteilen. Jeder einzelne Tag ist erst einmal zu leben, und wir leben im Heute und nicht im Morgen oder Gestern. Kein Mensch kann über lange Zeit gleichzeitig die Lasten der Vergangenheit und der Zukunft auf seinen Schultern tragen. Heute ist der einzige Tag, den ich wirklich gestalten kann. Deshalb ist es ein wirksamer Schutz gegen unsere ausufernden Sorgen, wenn wir versuchen, jeden Tag einzeln zu leben. Eine große Hilfe dabei ist das Gebet. Das Gebet zu unserem himmlischen Vater ist wie ein Schlüssel am Morgen und ein Türriegel am Abend.

Der Dichter Matthias Claudius hat ein Gedicht geschrieben, das man als seine Auslegung dieser Textstelle ansehen kann. Und er hat diesem Gedicht die Überschrift gegeben *„Täglich zu singen"*. Wie eine tägliche Medizin, wie ein tägliches Trainingsprogramm gegen die Sorgen will er seine Zeilen verstanden wissen:

*Ich danke Gott und freue mich
Wie's Kind zur Weihnachtsgabe,
Dass ich bin, bin! Und dass ich dich,
Schön menschlich Antlitz! habe;*

*Dass ich die Sonne, Berg und Meer
Und Laub und Gras kann sehen
Und abends unterm Sternenheer
Und lieben Monde gehen.*

Matthias Claudius, der in seinem Leben mit vielen Sorgen zu kämpfen hatte, nicht zuletzt mit ständigen Geldsorgen, schließt sein Gedicht mit den Versen:

*Und all das Geld und all das Gut
Gewährt zwar viele Sachen;
Gesundheit, Schlaf und guten Mut
kann's aber doch nicht machen.*

*Und die sind doch, bei Ja und Nein!
Ein rechter Lohn und Segen!
Drum will ich mich nicht groß kastei'n
Des vielen Geldes wegen.*

*Gott gebe mir nur jeden Tag,
So viel ich darf zum Leben.
Er gibt's dem Sperling auf dem Dach;
Wie sollt' er's mir nicht geben!*